## GUIDE POUR ÉCONOMISER LÉGALEMENT

DES

# DROITS FISCAUX

## DANS LES ACTES

PAR

## J.-B. JOURDÀA, notaire

TOURS

ROUILLÉ-LADEVÈZE, IMPRIMEUR-ÉDITEUR.

1886

## ABANDON d'un immeuble grevé de servitude
(Art. 699, Cod. civ.)

### ABANDON de mitoyenneté

Voir Acceptation.

### ACCEPTATION

*1.* L'acceptation par acte distinct ne peut, en général, être écrite sur le même papier timbré que l'acte accepté. (V. Timbre). — 2. L'acceptation d'un acte constatée dans cet acte même est toujours plus économique qu'étant faite par acte séparé. Alors l'acceptation des parties contractantes, qui n'est autre chose que leur consentement, n'est passible d'acucun droit d'enregistrement particulier. Bien plus, de cette façon, l'acceptation par le débiteur cédé ne donne lieu à aucun droit d'enregistrement dans les cessions de créances (L. 22 frim. an VII, art. 68, § 1, n° 3), ni celle de la femme dans les actes d'acquisition en remploi. (Sol., Régie 10 sept. 1873.) — 3. L'acceptation par le débiteur cédé ou délégué constatée dans l'acte même de cession ou de délégation est encore préférable à tout autre procédé au point de vue de la sécurité du cessionnaire ou délégataire, car celui-ci sait dès lors que la créance qu'il acquiert existe. (V. Cession de créance.)

### ACCEPTATION de Cession ou de Délégation par le débiteur cédé ou délégué

*1.* Voir Acceptation, Cession de créance. — 2. Le notaire peut-il délivrer en *brevet* cet acte d'acceptation? Non, car c'est un acte très important, et s'il perdait l'authenticité pour n'avoir pas été gardé *en minute*, il serait nul sous tous les rapports à l'égard des tiers. (V. Brevet, Cession de créance, Minute.)

### ACCEPTATION de donation

Lorsque l'acceptation est contenue dans l'acte même de donation, elle ne donne lieu à aucun droit particulier d'enregistrement : c'est le procédé le plus économique. Si elle forme un acte distinct, il convient d'y faire concourir le donateur pour économiser les frais de la notification. Cette intervention du donateur n'est passible d'ailleurs d'aucun droit particulier.

### ACCEPTATION d'emploi ou de remploi

Voir Acceptation.

### ACCEPTATION de Lettre de change

*1.* On peut l'écrire sur l'effet même, et si la place y manque, on y ajoute du papier libre. — *2.* Faite sous seing privé, elle n'est pas sujette à l'enregistrement : voilà sa forme ordinaire. On peut aussi lui donner la forme notariée en brevet, mais alors elle doit être enregistrée au droit fixe de 3 fr. 75, décimes compris.

### ACQUIT, — Quittance, — Reçu

*1.* Voir Quittance. — *2.* On peut, sans contravention, écrire la quittance du prix d'une vente à la suite de l'acte de vente et sur la même feuille de papier timbré. De même on peut écrire à la suite du titre et sur la même feuille de papier timbré la quittance de remboursement des contrats de constitution ou obligation. (L. 13 brumaire, an VII, art. 23.) Ces dispositions ne sont encore maintenues que pour les quittances notariées ; celles faites sous seings privés ont été assujetties à un timbre de 0 fr. 10 par la loi, du 23 août 1871, article 18, sauf les acquits sur les chèques, récépissés de chemins de fer, billets à ordre et effets de commerce, et les quittances de 10 francs et au-dessous. (V. Timbre.)

### ACTE respectueux et Notification

*1.* Peut-on les délivrer en *brevet*? Non, car la question est controversée. La prudence conseille dès lors de retenir ces actes en minute. — *2.* La première notification peut être écrite et expédiée à la suite de la réquisition et sur la même feuille de papier timbré, alors même qu'il y aurait deux actes distincts, ce qui est le cas ordinaire. (V. Timbre.) Il est prudent de recourir à deux actes distincts lorsque le requérant n'assiste pas à la notification. — *3.* Les copies laissées aux ascendants peuvent être faites aussi bien sur papier à minute que sur papier à expédition.

### ACTE de suscription de testament mystique

*1.* Il est généralement admis aujourd'hui par la doctrine, d'après l'article 1007 du Code civil, et contrairement à ce qui se pratique, que l'acte de suscription peut être reçu en *brevet*; mais tout bien considéré, et jusqu'à ce que la jurisprudence se prononce solidement pour la délivrance en brevet des actes de suscription, les notaires feront bien de continuer à les retenir en *minute*. (V. Testament, n° 2). — *2.* Inutile de faire enregistrer cet acte avant le décès du testateur. (Voir Enregistrement, n° 4.)

### ADHÉSION à un acte

L'adhésion à un acte de société peut s'écrire à la suite de ce dernier et sur le même papier timbré. (Décis. minist., 5 janv. 1829.)

### ADJUDICATION d'immeubles

*1.* Ne pas oublier, le cas échéant, la réserve d'élire command. (V. ce mot ainsi que Licitation, Réméré, Vente.) — *2.* On peut écrire les diverses vacations en marge ou à la suite du cahier des charges et à la suite les unes des autres sur le même papier timbré. (Art. 694, 695, 712 et 713 C. pr. civ.; (V. Timbre, Surenchère.) — *3.* Éviter les dissimulations. (V. ce mot.) — *3.* Quant aux adjudications volontaires, la publicité est réglée par les vendeurs seuls à leur gré.

### ADJUDICATION de meubles

*1.* Dans une adjudication volontaire, la publicité se règle par les vendeurs seuls, à leur gré. — *2.* On peut écrire les diverses vacations sur le même papier timbré. (V. Timbre.)

### AFFECTATION hypothécaire

*1.* L'affectation hypothécaire et la délégation d'indemnité de sinistre contenues dans l'acte même d'obligation ne donnent lieu à aucun droit particulier d'enregistrement. — *2.* Peut-on délivrer en *brevet* une affectation hypothécaire distincte de l'acte d'obligation? L'affirmative semble résulter de l'article 2148 du Code civil ; mais ce mode est défendu en Belgique, et même en France on soutient que les expressions *original en brevet* dudit article signifient uniquement *titre original* et non *titre remis aux parties.*

### ANNEXES

*1.* A la suite d'une expédition ou d'un extrait d'un acte notarié et sur le même papier timbré, on peut copier les actes annexés. Il en est de même des procurations et autorisations en vertu desquelles les actes ont été faits, quoiqu'elles n'y soient pas annexées, pourvu qu'elles se trouvent déposées dans la même étude. — *2.* La mention d'annexe ne donne lieu à aucun droit d'enregistrement. — *3.* Un notaire n'est pas tenu d'annexer à l'acte qu'il dresse la procuration qui se trouve déjà dans son étude en minute ou en dépôt.

### ASSISTANCE judiciaire

Les actes et titres produits par l'assisté pour justifier de ses droits sont visés pour timbre et enregistrés en débet. (L. 21 janvier 1851, art. 14.) Il en est de même des formalités hypothécaires.

## AUTORISATION maritale

Cet acte peut être délivré en brevet.

### AVAL

*1.* Ce petit acte se fait d'ordinaire sous seing privé. Il ne donne lieu alors à aucun droit d'enregistrement. On peut aussi lui donner la forme notariée, mais dans ce cas il doit être enregistré au droit fixe de 3 francs et décimes. — *2.* L'aval peut s'écrire sur le titre même ou à part. (Art. 141, 142 et 187 C. com.) Si le papier manque sur le titre, on peut, sans contravention, y mettre une allonge en papier libre pour l'aval.

### BAIL

*1.* Les droits d'enregistrement sur les *Baux à vie* ou à *durée illimitée,* sont beaucoup plus élevés que ceux des baux à durée déterminée ; on économise donc des frais en limitant la durée des baux, ce qui est presque toujours facile. — *2.* Un bail à métairie, dit aussi *Bail à colonage* ou *partiaire,* fait par écrit, peut ne comprendre qu'une année. Il dure ensuite par *tacite reconduction* tant que le même métayer occupe la métairie et toujours aux mêmes conditions une fois établies, sans qu'il soit nécessaire de dresser un nouvel écrit. (Art. 1738 et 1759 Cod. civ.) Aucune déclaration non plus n'est à faire au bureau d'enregistrement, les baux partiaires en sont dispensés. **CONGÉ.** — Veut-on que le bail cesse à la fin de la première année, point de congé à signifier, le bail étant bien ce que l'on peut appeler *bail écrit* (art. 1737 Cod. civ.) ; mais si l'on veut que ce bail se prolonge par *tacite reconduction* au delà de la première année, il faut prendre une précaution pour pouvoir le faire cesser sans congé. Cette précaution consiste à insérer dans le bail une clause ainsi conçue : « *Si à l'expiration du terme fixé, le bail continue par tacite reconduction, il ne durera qu'une seconde année et cessera de plein droit à l'expiration de cette prolongation, sans qu'il soit nécessaire de donner congé. Il sera de même pour toute nouvelle reconduction, et cependant les parties ne s'obligent nullement à proroger le présent bail, et se réservent respectivement leur liberté à cet égard.* » Sans cette clause, le bail prolongé par tacite reconduction ne cesserait qu'au moyen d'un congé signifié dans le délai fixé par l'usage des lieux ; l'article 1775 du Code civil n'est pas ici applicable, les auteurs sont unanimes sur ce point. — *3.* Un bail *à ferme proprement dit* est fait par écrit et pour un an seulement. Il dure par *tacite reconduction* tant que le même fermier occupe l'immeuble, toujours aux mêmes conditions une fois établies, sans qu'il soit nécessaire de dresser un nouvel écrit (Art. 1738 et 1759 Cod. civ.) ; mais la tacite reconduction devra être déclarée comme bail verbal au bureau d'enregistrement du ressort des lieux chaque année dans les trois mois de l'entrée en jouissance. (L. 23 août 1871, art. 11 et 14.) **CONGÉ.** — Veut-on que le bail cesse à l'expiration de la première année, point de congé à signifier, le bail étant *écrit.* (Art. 1737 Cod. civ.) Ensuite même si le bail s'est prolongé par tacite reconduction au delà de la première année et pour un temps suffisant afin que le preneur ait pu recueillir tous les fruits de l'héritage affermé, aucun congé non plus ne sera nécessaire pour faire cesser le bail à l'expiration de ce temps supplémentaire. (Art. 1774 et 1775 Cod. civ.). En tout cas, il sera bon d'insérer dans le bail la clause relative à la tacite reconduction telle qu'elle est formulée plus haut.

### BESOIN

Quant à la forme et à la dépense, appliquer ce qui est dit plus haut au sujet de l'aval. (**V. ce mot.**)

### BILLET à ordre

*1.* Le droit d'enregistrement d'un billet à ordre n'est que de 0 fr. 50 pour 100, tandis qu'il est de 1 pour 100 pour les billets simples (toujours $^1/_4$ en sus pour décimes.) — *2.* Les billets à ordre peuvent n'être présentés à l'enregistrement qu'avec les protêts qui en auront été faits. (L. 28 févr. 1872, art. 10.) Cette faveur ne s'applique toutefois qu'aux billets à ordre sous-seings privés. — *3.* Le billet à ordre fait sous la forme notariée se délivre en *brevet.*

### BILLET simple

*1.* Voir Billet à ordre, nº 1 ; mais pour les billets simples la prescription est plus longue. (**V. Lettre de change, nº 4.**) — *2.* Le billet simple fait sous la forme notariée se délivre en brevet.

### BILLET au porteur

Appliquer ce qui est dit au mot **Billet à ordre.**

### BORDEREAUX d'inscriptions

Voir Inscription, nᵒˢ 2 et suiv.

### BREVET (Acte en)

Voir Minute.

### CAHIER des charges

Si cet acte n'est pas distinct de la vente, il ne donne lieu à aucun droit d'enregistrement.

## CAUTIONNEMENT

*1.* L'acte notarié de cautionnement pourrait être délivré en *brevet* s'il se référait à un acte délivré lui-même en brevet. — *2.* L'acte de cautionnement peut être rédigé à la suite du procès-verbal d'adjudication toutes les fois que l'obligation de fournir caution a été imposée à l'adjudicataire par le procès-verbal même. (Délib. Régie, 11 février 1824.)

## CERTIFICAT de propriété

*1.* Pour caisse des retraites, exemption de timbre et d'enregistrement. (L. 18 janv. 1830.) Pour arrérages de pensions sur l'État, exemption d'enregistrement. — *2.* Lorsqu'il ne s'agit pas d'inscriptions de rente sur l'État, on peut comprendre l'acte de notoriété et le certificat de propriété dans un seul et même acte, qui n'est passible que d'un droit fixe unique d'enregistrement. — *3.* Cet acte se délivre en *brevet*.

## CERTIFICAT de vie

*1.* Atce notarié en *brevet*. — *2.* Pour pensions de militaires, veuves et orphelins de militaires et employés des douanes, il y a exemption de timbre, et pour tous les pensionnaires de l'État, exemption d'enregistrement. — *3.* Dans un acte de constitution de rente viagère, il est bon de convenir que la quittance d'arrérages signée par le crédi-rentier, le dispensera de la production de certificat de vie, lorsque la rente sera constituée sur sa tête.

## CESSION au Transport de créances

*1.* V. Acceptation, Acceptation de cession. — *2.* Certains actes de cession de créance qui ne contiennent pas acceptation par le débiteur peuvent être délivrés en *brevet*. Ne sont pas de ce nombre les cessions faites pour libérer le cédant envers le cessionnaire d'une somme due en vertu d'un jugement, arrêt ou acte notarié, ni celles de créances hypothécaires devant être mentionnées aux bureaux des hypothèques. (Art. 2158, Cod. civ.) — *3.* Les transports, cessions ou endossements de billets, même non négociables, mais écrits sur papier au timbre proportionnel, peuvent être portés à la suite de ces billets. — *4.* La cession de créance se complète par une acceptation ou une signification (Art. 1690, Cod. civ.) ; mais cette règle ne s'applique point aux transports d'effets de commerce, de billets de banque, de billets à ordre, de titres au porteur, de rentes sur l'État, d'actions de la Banque de France, d'actions et obligations nominatives de diverses compagnies.

## CESSION ou Transport de droits indivis

*1.* Ne pas faire transcrire quand l'indivision a cessé. (V. **Droits** sur transcription, n° 3, Licitation.) — *2*. Au sujet d'une cession de droits mobiliers et immobiliers, il y a lieu de considérer que, si l'on ne veut point faire de détail estimatif article par article dans l'acte, et s'il n'existe pas d'inventaire ou autre acte équivalent auquel on puisse se référer, le droit d'enregistrement est dû pour le tout au taux fixé pour les immeubles, alors même que l'on fixerait un prix particulier pour les biens mobiliers. (L. 22 frim. an VII, art. 9.) En pareil cas, il peut y avoir économie à faire deux actes distincts, l'un pour les biens mobiliers, lequel ne sera passible que du droit d'enregistrement de 2 pour 100 et l'autre pour les immeubles. — *3*. Si, dans une cession de droits successifs indivis, mobiliers et immobiliers, on détaille les créances et autres biens meubles, ou bien si l'on se réfère à un acte dans lequel ce détail se trouve, en fixant la part du cédant dans ces objets et la portion du prix qui y correspond, le droit d'enregistrement se perçoit sur cette portion aux taux des créances et biens meubles, et le restant du prix s'impute sur les immeubles. Mais ces détails altèrent un peu la nature de la cession eu égard aux objets détaillés et estimés, car le cédant devient garant de leur existence. (Art. 1693 et 1696, Cod. civ. (**V.** Partage, n° 2.)

### CHÈQUE

*1*. Le chèque par acte notarié peut se délivrer en *brevet*; mais d'ordinaire il est fait sous-seing privé. — *2*. Le chèque sous-seing privé peut n'être présenté à l'enregistrement qu'avec le protêt qui en aura été fait. (L. 28 février 1872, art. 10.) Cette faveur n'est pas accordée au chèque notarié.

### CODICILLE

Voir Testament. Le codicille peut-être écrit en marge ou à la suite du testament et sur le même papier timbré. (Décret 15 juin 1812. [**V.** Révocation, Timbre )

### COMMAND (déclaration de)

*1*. La déclaration de command peut, sans contravention aux lois du timbre, être écrite à la suite du contrat de vente qui en contient la réserve et sur la même feuille de papier timbré. — *2*. Pour que l'élection de command ne soit passible que du droit fixe de 4 fr. 50 et décimes, il faut que la faculté d'élire un command ait été réservée dans l'acte d'adjudication ou le contrat de vente, et que la déclaration soit faite par acte public et notifiée dans les vingt-quatre heures de l'adjudication ou du contrat (L. 22 février, an VII art. 68, § 1er, n° 24), sans quoi il serait dû un nouveau droit proportionnel de vente.

## COMPTE

L'arrêté de compte peut être écrit à la suite de l'acte de présenta
tion et sur la même feuille de papier timbré.

## CONSEIL de tutelle

La nomination de ce conseil contenue dans un testament n'y
donne lieu à aucun droit particulier : c'est la forme la plus économique.

## CONSENTEMENT

*1.* Le consentement à mariage des indigents peut être fait sur
papier libre, visé pour timbre et enregistré gratis. (L. 10 décembre
1850.) — *2.* Il faut remarquer qu'il n'est dû qu'un seul droit fixe de
3 francs ($^1/_4$ en sus pour décimes) sur un acte portant consentemen-
à mariage par le père et la mère de l'un des futurs, absolument
comme pour un seul consentement. — *3.* Les consentements se dé-
livrent en *brevet.*

## CONTRAT de mariage

*1.* Voir États. — *2.* B, future épouse, mineure, se constitue à
valoir sur ses droits non encore liquidés dans la succession de feu
sa mère une somme de 40,000 francs qui lui est remise par son
père et tuteur, avec convention que si, au règlement du compte de
tutelle, le reliquat dû par lui, ne s'élève pas à cette somme, le défi-
cit, qu'on évalue ici pour l'enregistrement à 10,000 francs, est dès à
présent donné à B en avancement d'hoirie sur la succession future
de son père. Quel est le droit d'enregistrement à percevoir sur cette
clause ? C'est 3 francs pour décharge et 1 fr. 25 pour 100 sur
10,000 francs pour donation, plus les décimes. Il convient, dans un
but d'économie, d'adopter la formule que je viens d'indiquer, et
d'abandonner l'ancienne, par laquelle on aurait dit tout simplement « *que le père fait donation à sa fille d'une somme de
40,000 francs, imputable d'abord sur la succession mater-
nelle, et subsidiairement en avancement d'hoirie sur la succession future du père* », clause qui était passible du droit de
donation sur 40,000 francs.

## CONTRE-LETTRE

Il est évident, d'après les articles 1396 et 1397 du Code civil, que
les contre-lettres aux contrats de mariage peuvent s'écrire sur le
même papier timbré que ces contrats.

## DATION en payement

Voir Cession, Vente.

## DÉCHARGE

*1.* Voir Délivrance de legs. — *2.* La décharge notariée peut

être portée sur le même papier timbré que l'acte de dépôt ou d'obligation. Il faut un timbre mobile de dix centimes pour une décharge
sous seing privé au-dessus de 10 francs. (V. Timbre.)

### DÉLÉGATION

*1.* On peut délivrer une délégation en brevet dans les mêmes
cas qu'une cession. (V. Acceptation, Cession de créance, n° 2.)
— *2. La délégation stipulée comme garantie dans l'acte d'obligation
même ne donne lieu à aucun droit particulier d'enregistrement,
sauf, bien entendu, le droit de titre, s'il n'avait pas été perçu anté-
rieurement.*

### DÉLIVRANCE de legs

*1.* Quand un legs a pour objet une somme d'argent, il y a économie à réunir la délivrance et le payement dans un seul et même
acte, qui ne sera passible que du droit d'enregistrement de délivrance ; tandis que, par deux actes distincts, l'opération entraîne
d'abord un droit de délivrance, puis un droit de décharge. —
*2.* Toute décharge de legs peut être écrite à la suite du testament.
(V. Timbre.)

### DÉSISTEMENT

Un désistement d'instance peut être délivré en *brevet.*

### DISSIMULATION et Insuffisances dans les actes

Il y a des gens qui, dans le but d'économiser quelques droits
cachent certains biens ou une partie des capitaux ou des revenus
dans les actes. Ce sont là des fraudes qu'il faut éviter, car il est
facile à l'administration de l'enregistrement de les découvrir, et
alors elles sont punies d'amendes considérables, outre qu'elles on
des conséquences civiles désastreuses pour les parties.

### DONATION

Voir État.

### DONATION éventuelle entre époux

Ces sortes de donations ne doivent s'enregistrer qu'après le décès
du donateur, comme les testaments, et seulement si elles n'ont pas
été révoquées. S'il y a révocation, celle-ci seule s'enregistre.
(V. Révocation de donation, Enregistrement, n° 4.)

### DROITS sur transcription

*1.* Voici ce que porte une loi du 3 novembre 1884. ARTICLE PRE-
MIER. — A partir de la promulgation de la présente loi, il ne sera
perçu sur les échanges d'immeubles ruraux que 20 centimes par
100 francs pour tout droit proportionnel d'enregistrement et de

**

transcription, lorsque les immeubles échangés seront situés dans la même commune ou dans des communes limitrophes. En dehors de ces limites, le tarif ainsi fixé ne sera applicable que si l'un des immeubles échangés est contigu aux propriétés de celui des échangistes qui le recevra, et dans le cas seulement où ces immeubles auront été acquis par les contractants par actes enregistrés depuis plus de deux ans ou recueillis à titre héréditaire. — ART. 2. Dans tous les cas, le contrat d'échange renfermera l'indication de la contenance, du numéro, de la section, du lieu dit, de la classe, de la nature et du revenu du cadastre de chacun des immeubles échangés et un extrait de la matrice cadastrale desdits biens, qui sera délivré gratuitement, soit par le maire, soit par le directeur des contributions directes, sera déposé au bureau lors de l'enregistrement. — ART. 3. Le droit réglé par l'article 52 de la loi du 28 avril 1816 sera payé sur le montant de la soulte ou de la plus-value. — ART. 4. Les dispositions des lois des 27 juillet 1870 et 21 juin 1875 sont abrogées en ce qu'elles ont de contraire à la présente loi. » Mais toutes les conditions prescrites doivent être énoncées dans l'acte d'échange, et si ces énonciations sont inexactes en tout ou en partie, les droits seront dus aux taux ordinaires, indépendamment d'un droit en sus. (L. 1870, art. 4.) Il est à remarquer que les *immeubles ruraux* dont il s'agit peuvent être situés à la ville comme à la campagne. — 2. Lorsque le même acte doit être transcrit dans plusieurs bureaux, le droit se perçoit dans le premier. On ne perçoit pour chacune des autres transcriptions que le simple salaire du Conservateur et le timbre, sur la représentation d'un duplicata de la quittance constatant le payement entier du droit lors de la première transcription. (L. 21 vent., an VII, art. 26.) — 3. Lors de la transcription, si le conservateur s'aperçoit que le droit proportionnel de transcription (1 fr. 50 pour 100 et décimes) n'a pas été perçu à l'enregistrement, il est obligé de le percevoir lui-même, sans examiner si la formalité a été requise à tort (L. 21 vent. an VII, art. 19 et 25), car ce droit est dû à l'État pour la formalité de la transcription.

### ÉCHANGE

* V. Droits sur transcription, nº 1. Vente, nº 3. Éviter les dissimulations. (V. ce mot.)

### ENDOSSEMENT

*1.* Ce petit acte s'écrit sur l'effet même, et si le papier de cet effet ne suffit pas, on y ajoute du papier libre. — Fait sous seing privé, il ne donne lieu a aucun droit d'enregistrement. Si un acte notarié était nécessaire, il pourrait être délivré en *brevet* et devrait être enregistré dans les délais ordinaires au droit fixe de 3 francs (1/4 en sus pour décimes).

### ÉNONCIATION d'actes

Les effets de commerce non protestés peuvent, quoique non enregistrés, être énoncés dans les actes notariés. (L. 22 frim. an VII, art. 7 et 44; L. 16 juin 1824; 28 février 1872, art. 10.)

### ENREGISTREMENT

*1.* Les évaluations nécessaires pour l'enregistrement d'un acte notarié qui ne les contient pas peuvent être faites et énoncées en marge par le notaire lui-même se portant fort des parties. — *2.* Notons ici la disposition suivante de la loi du 22 frimaire an VII (art. 68, § 1er, n° 30) que l'administration applique aux actes civils comme aux actes judiciaires et extrajudiciaires, par exemple aux procurations, ratifications, etc. : « Il sera dû un droit par chaque demandeur ou défendeur en quelque nombre qu'ils soient dans le même acte, excepté les copropriétaires et les cohéritiers, les parents réunis, les cointéressés, les créanciers associés, ou solidaires, les sequestres, les experts ou les témoins qui ne seront comptés que pour une seule et même personne, soit en demandant, soit en défendant, dans le même original d'acte, *pourvu que leurs qualités y soient exprimées.* » Aussi pour ne pas donner lieu à autant de droits qu'il y a de parties, l'acte devra faire ressortir, le cas échéant, *qu'elles agissent collectivement, dans un seul et même intérêt, et non dans un intérêt distinct et individuel.* — *3.* Il est peu d'actes notariés qui soient exempts de la formalité de l'enregistrement : les certificats de vie délivrés aux pensionnaires de l'État, les certificats de propriété délivrés aux veuves ou héritiers des militaires, les actes destinés au service des caisses d'épargne, par exemple, jouissent de cette faveur. (L. 9 avril 1881, art. 20 et 21 ; **V. Assistance judiciaire.**) — *4.* Les testaments ne doivent être enregistrés qu'après le décès du testateur, puisqu'ils sont révocables jusqu'alors et que ce n'est qu'alors qu'ils peuvent produire leur effet. Ceux déposés chez les notaires ou par eux reçus le sont dans les trois mois de ce décès, à la diligence des héritiers, légataires ou exécuteurs testamentaires, sous peine du double droit.(L. de frim., art. 21 et 38.) Mais les testaments olographes non déposés chez les notaires ne sont point soumis à l'enregistrement dans un délai de rigueur. Tout testament révoqué est affranchi de l'enregistrement. Les donations à cause de mort faites entre époux pendant le mariage jouissent, pour l'enregistrement, du même délai que les testaments, et pour les mêmes motifs. — *5.* **V. Énonciation d'actes.** — *6.* La **prescription,** l'un des modes d'acquisition et de libération du droit commun, s'applique contre le Trésor, en matière de droits et amendes d'enregistrement. Voici les principales prescriptions qui peuvent lui être opposées : 1° prescription de toute action relative à un objet pour lequel il y aurait eu contrainte signifiée, et non suivie d'opposition et d'instance ou d'exécution pendant un an (L. de frim. art. 61); 2° Toute action du Trésor pour amendes à raison du défaut d'enregistrement d'un acte ou d'autres contraventions d'enregistrement est couverte, après deux ans du jour où les préposés de l'administration des domaines ont été mis à portée de constater lesdites contraventions au vu de chaque acte, soumis à l'enregistrement, ou du jour de la présentation à leur visa du répertoire constatant l'existence de l'acte (L. 16 juin 1824, art. 24); 3° Après deux ans à compter de l'enregistrement d'un acte, l'administration est non recevable à réclamer des droits nouveaux ou des suppléments de droit sur ces actes (L. frim., art. 61); 4° Il y a prescription pour la demande de tout droit simple d'enregistrement d'un acte non enregistré, après trente ans à compter de sa date, pourvu que cette date soit certaine. (L. de frim., art. 62; L. de 1824, art. 14; art. 2262 C. civ.) — 7. La prescription peut aussi courir contre les contribuables. Il y a prescription pour toute demande en restitution de droits sur un acte après deux ans de l'enregistrement de cet acte. — 8. L'exception de la prescription est toujours couverte par le payement, excepté en matière d'amendes.

### ÉTAT

*1.* Si un état nécessaire pour un acte est dressé à part et en forme une annexe, il est passible d'un droit d'enregistrement de 3 francs ($^1/_4$ en sus pour décimes), tandis qu'il aurait la même valeur étant porté dans l'acte même, où il ne donnerait lieu à aucun droit particulier d'enregistrement. — *2.* L'état sous seing privé produit pour déclaration de succession est exempt d'enregistrement. — *3.* Les états de situation qu'un tuteur peut être obligé de remettre au subrogé-tuteur sont exempts de timbre et d'enregistrement. (Art. 470 Cod. civ.)

### ÉTATS hypothécaires

*1.* Voir Réquisition. — *2.* Quand on veut procéder à la purge des hypothèques légales, on peut ne demander l'état des inscriptions sur transcription qu'après l'accomplissement de la formalité de la purge. On épargne ainsi les frais d'un second état. — *3.* On peut obtenir l'état par *extraits succincts* comme simple certificat, des transcriptions, même des transcriptions de saisies et de dénonciations de saisies. — *4.* A l'égard des aliénations à titre onéreux, il est inutile de demander les transcriptions antérieures au 1er janvier 1856, parce que, jusqu'à cette date, aucune transcription n'était nécessaire pour transférer la propriété d'une manière absolue.

### EXPÉDITION, — Extrait

*1.* Pour des mentions, radiations et transcriptions hypothécaires, on admet généralement des extraits littéraux d'actes notariés divisibles, pourvu qu'ils contiennent les clauses nécessaires, c'est-à-dire ce qui se rapporte à la subrogation, mainlevée ou mutation. (Art. 2200 Cod. civ. : L. 25 octobre 1884, art. 4, § 3.) Les conservateurs exigent cependant et avec raison que le notaire qui délivre l'extrait certifie au bas que la minute ne contient par ailleurs aucune restriction à la mutation, subrogation, mainlevée ou radiation. — 2. A la suite d'une expédition et sur la même feuille de papier timbré, on peut copier les actes annexés, ou la procuration en vertu de laquelle ils ont été faits quoiqu'elle n'y soit pas annexée, pourvu qu'elle se trouve dans la même étude. (Voir **Annexe**.)

### FORMALITÉS des actes

En règle générale, on ne peut se dispenser de remplir les formalités prescrites pour les actes, sauf des cas rares indiqués dans ce petit ouvrage. L'économie sur ce point serait dangereuse ; elle compromettrait la régularité, la force et l'efficacité des actes ; souvent elle engagerait la responsabilité des notaires (art. 68, L. 25 vent. an XI, et art. 1383, 1991 et 1992 Cod. civ.), et souvent elle attirerait aux parties et aux notaires des amendes considérables.

### FORMALITÉS hypothécaires

*1.* Lorsqu'un acte nécessaire pour justification à l'occasion d'une formalité à remplir dans un bureau d'hypothèques se trouve déjà déposé dans ce bureau, il suffit de l'indiquer au Conservateur, sans qu'il y ait lieu d'en déposer une nouvelle copie. — *2.* Lorsqu'une femme mariée, dûment autorisée consent une radiation ou une subrogation, il faut que le notaire relate dans l'acte le contrat de mariage de cette femme ; qu'il constate simplement le régime adopté et affirme qu'elle n'est assujettie à aucun emploi ni remploi ; ou bien qu'il affirme qu'il n'existe pas de contrat de ce genre et indique le lieu et la date de la célébration civile du mariage. Le Conservateur n'exige point alors le dépôt ni la représentation du contrat de mariage ni de l'acte civil.

### HYPOTHÈQUE légale (Subrogation à)

Voir Inscription, n° 3.

### INSCRIPTION hypothécaire

*1.* En vertu de l'article 2108 du Code civil, la transcription au bureau des hypothèques de l'acte de vente d'un immeuble, qui constate que tout ou partie du prix est dû vaut inscription de privilège au vendeur ou au prêteur subrogé à ses droits. — *2.* L'un des bordereaux d'une inscription pour chaque bureau où elle doit être prise, peut s'écrire sur l'expédition du titre de créance et sur le même papier timbré, alors même que celui-ci serait hors d'usage

(Art. 2148 Cod. civ.) Cette faculté est également permise.pour tout renouvellement d'inscription. — *3.* On peut faire inscrire, au profit du prêteur, par le même bordereau, cumulativement l'hypothèque conventionnelle et la subrogation à l'hypothèque légale qui garantissent la créance, au lieu de prendre deux inscriptions distinctes. — *4.* Lorsque la même créance doit être inscrite dans divers bureaux, le droit se perçoit dans le premier. On ne paye pour chacune des autres inscriptions que le simple salaire du Conservateur et le timbre, sur la représentation d'un duplicata de la quittance constatant le payement entier du droit lors de la première inscription (L. 21 vent. an VII, art. 22).

### INVENTAIRE

*1.* Le notaire peut décrire dans un inventaire tout acte sous seing privé non enregistré, antérieur à l'ouverture de la succession et destiné à en faire connaître l'importance et n'est pas tenu de mentionner le timbre. (L. 5 juin 1850, art. 49 ; décis. minist., 2 fév. 1853.) — *2.* Lorsque, dans un inventaire après le décès, la veuve du défunt s'est déclarée enceinte, l'acte notarié qui constate la naissance et les prénoms de l'enfant posthume peut, sans contravention à la loi du timbre, être rédigé à la suite de l'inventaire. — *3.* Les diverses vacations de l'inventaire peuvent s'écrire à la suite les unes des autres sur le même papier timbré. (V. **Timbre.**)

### LÉGALISATION

Il est d'usage de donner les formalités hypothécaires aux actes sans légalisation. Il en est ainsi même pour les radiations et subrogations, quoique pour ces dernières formalités, la législation paraisse pouvoir être exigée dans les cas prévus par le droit commun.

### LETTRE de change

*1.* Elle se fait d'ordinaire sous seing privé ; cependant on pourrait lui donner la forme notariée en brevet, mais alors elle devrait être enregistrée dans le délai ordinaire des actes notariés, tandis que, faite sous-seing privé, elle peut n'être présentée à l'enregistrement qu'avec les protêts qui en auront été faits. (L. 28 fév. 1872, art. 10.) — *2.* Il est bon de signaler les dispositions légales suivantes, qui sont spéciales aux exemplaires multiples des lettres de change: « Loi du 1er mai 1822, art. 6 : Les lettres de change tirées par 2e, 3e, 4e, etc. pourront, quoique étant écrites sur papier non timbré, être enregistrées, dans le cas de protêt, sans qu'il y ait lieu au droit de timbre et à l'amende, pourvu que la première, écrite sur papier au timbre proportionnel, soit représentée conjointement au receveur de l'enregistrement. » — « Loi du 5 juin 1850, art. 10 : Si la première timbrée ou visée pour timbre n'est pas jointe à celle mise en circulation et destinée à recevoir les endossements, le timbre ou le visa pour timbre devra toujours être apposé sur cette dernière.— *3.* Voir Acquit, Aval, Besoin, Endossement, Billet à Ordre. — *5.* Voici ce que porte l'article 169 du Code de commerce : « Toutes actions relatives aux lettres de change et à ceux des billets à ordre souscrits par des négociants, marchands, ou banquiers, ou pour faits de commerce, se prescrivent par cinq ans à compter du jour du protêt ou de la dernière poursuite juridique, s'il n'y a eu condamnation, ou si la dette n'a été reconnue par acte séparé. Néanmoins les prétendus débiteurs seront tenus, s'ils en sont requis, d'affirmer sous serment qu'ils ne sont plus redevables, et leurs veuves, héritiers ou ayants cause qu'ils estiment de bonne foi qu'il n'est plus rien dû. »

### LICITATION d'immeubles

*1.* Éviter les dissimulations. (**V. ce mot.**) — *2.* Si la licitation contient partage, ou si un partage définitif fait par acte postérieur est présenté à l'enregistrement avant ou avec la licitation, c'est le partage qui doit servir de règle pour la liquidation des droits sur les adjudications faites à un ou plusieurs des colicitants. — *3.* Les licitations aux cohéritiers ou copropriétaires n'ont point le caractère de ventes, puisqu'elles sont déclaratives et non translatives de propriété, et qu'elles ont le même effet que les partages. (Art. 883 et 888 Cod. civ.) Elles ne doivent donc point être transcrites pas plus que les partages. (**Voir Droits sur transcription n° 3** ; quel serait le coût de la transcription d'une telle licitation si elle était présentée à cette formalité dans un bureau d'hypothèques.)

### LIQUIDATION

*1.* Tous les actes qui composent un procès-verbal de liquidation peuvent être écrits à la suite les uns des autres. (**V. Timbre.**) Toutefois le notaire rédige en un procès-verbal séparé les difficultés et dires des parties. (Art. 977 Cod. pr.) Comparer l'article 944, Code pr. (**V. Partage.**) — *2.* Le notaire peut énoncer, sans contravention, dans une liquidation des actes sous seings privés non enregistrés, pourvu qu'ils aient été souscrits par des tierrs ; mais il n'en serait pas de même si ces titres émanaient de parties présentes au partage. (**V. Énonciation d'actes.**)

### MANDAT de payement

Quant à la forme, appliquer ce qui est dit au mot **Lettre de change, n° 1.**

### MINUTE, — Brevet

*1.* L'acte notarié doit être fait en *minute*, c'est-à-dire que le notaire doit en garder l'original et qu'il ne peut remettre aux parties

que des expéditions, sous peine de nullité de l'acte comme authentique, et sauf les dommages-intérêts contre le notaire contrevenant.
(L. 25 vent. an XI, art. 20, 22 et 68.) Il y a toutefois exception pour
quelques actes qui n'ont pas un caractère d'utilité permanente. Le
notaire peut les délivrer en brevet, c'est-à-dire en original. — 2. La
loi de ventôse pose ainsi le principe de la garde des actes en minute. « Article 20. Les notaires seront tenus de garder minute de
tous les actes qu'ils recevront. Ne sont néanmoins compris dans la
présente disposition, les certificats de vie, procurations, actes de
notoriété, quittances de fermages, de loyers, de salaires, et autres
actes simples qui, d'après les lois, peuvent être délivrés en brevet. »
Une prescription aussi impérative, l'utilité et le caractère de la minute et les sanctions indiquées plus haut doivent guider le notaire
dans le choix de la forme à donner à l'acte qu'il reçoit. La volonté
des parties ne doit être rien pour lui. Si la loi n'autorise pas expli-
citement ou du moins implicitement la délivrance d'un acte en brevet, le notaire doit le garder en minute.

### NOTIFICATION d'acceptation de donation

Voir Acceptation de donation.

### NOTORIÉTÉ (Acte de)

*1.* Cet acte peut être délivré en *brevet.* Toutefois, pour le plus
grand avantage des parties, on garde généralement en minute les
actes de notoriété qui, à défaut d'inventaire, font connaître les
noms, le nombre et la qualité des héritiers. Cette forme est même
absolument exigée lorsque l'acte doit servir pour opérer des formalités hypothécaires et lorsqu'un notaire doit le viser dans un certificat de propriété. — *2.* Pour la caisse des retraites, exemption
de timbre et d'enregistrement. (L. 15 juin 1850.)

### OBLIGATION ou Prêt

*1.* Voir Affectation hypothécaire, Cession, Délégation,
Gage, Hypothèque légale. — *2.* Lors de la passation d'un acte
d'obligation ou prêt hypothécaire, il peut arriver que le créancier
craigne que l'inscription à prendre n'ait pas le rang sur lequel il
compte. Dans ce cas, on peut procéder ainsi : l'acte d'obligation
est rédigé et signé suivant toutes les formes et l'argent, compté en
même temps ; mais cet argent reste en dépôt chez le notaire, qui
ne devra le délivrer à l'emprunteur qu'après inscription de l'hypothèque et justification par un nouvel état que cette inscription a le
rang promis. L'acte énonce ce dépôt et cette condition et établit que
le prêt n'existera pas sans cette justification Il s'agit ici d'un prêt
sous *condition suspensive,* qui ne sera passible d'aucun droit proportionnel d'obligation ni d'inscription qu'au cas de délivrance de la

somme à l'emprunteur, laquelle délivrance sera écrite à la suite de l'obligation et sur la même feuille de papier timbré. — *3.* Une créance notariée est exigible, et le débiteur a besoin d'une prorogation de délai que le créancier ne veut point lui accorder. Il faut un autre prêteur, soit par la voie de la cession de la créance, soit par celle de l'emprunt avec subrogation, suivant le second paragraphe de l'article 1250 du Code civil. Quelle voie faut-il préférer ? La dernière comme étant la plus économique, si l'emprunt et la quittance peuvent s'établir dans un seul acte, puisque l'acte d'emprunt ne donne lieu à aucun droit de prorogation de délai, tandis que ce droit devrait se percevoir sur la cession de créance. De plus le nouvel acte d'emprunt pourrait contenir un supplément de garanties, sans augmentation de droits d'enregistrement, tandis que ces nouvelles garanties donneraient lieu dans une cession à des droits fixes supplémentaires. Quand au droit proportionnel, il est le même dans les deux actes (1 pour 100 et décimes.) Si la quittance devait constituer un acte distinct de l'emprunt, elle serait passible d'un droit d'enregistrement de 0 fr. 50 pour 100 francs et décimes, outre le droit de 1 pour 100 indiqué plus haut pour l'emprunt. Pour cette circonstance, il n'est pas possible de dire à l'avance de quel côté serait l'économie.

### ORDRE entre créanciers

*1.* Tous les actes qui composent un procès-verbal d'ordre peuvent être écrits à la suite les uns des autres, sur le même papier timbré. (V. Timbre.) — *2.* On économise des frais, notamment le droit spécial de 0 fr. 50 pour 100 francs et décimes établi pour les ordres, en faisant la quittance et l'ordre dans un seul et même acte.

### PARTAGE

*1.* Le procès-verbal de tirage au sort peut être écrit à la suite du partage et sur la même feuille de papier timbré. — *2.* Dans un acte de partage, il suffit que les biens meubles d'un lot chargé de soulte soient évalués en bloc pour que la soulte s'impute entièrement sur ces biens et ne soit passible que du droit de 2 pour 100, ou même moindre, suivant le cas. Au besoin, le notaire peut porter lui-même cette évaluation en marge de l'acte. — *3.* En général, le partage est déclaratif de propriété (art. 883 Cod. civ.) ; il n'y a donc pas lieu de le faire transcrire. (V. **Droits sur transcription,** n° 3.) — *4.* Trois cohéritiers, A, B, C, possèdent une hérédité indivisément. Ils s'entendent pour mettre fin à l'indivision. A et B prennent des biens en nature ; la part de C est attribuée à B, qui lui en paye la valeur. Quel acte faut-il passer ? Si l'on ne regarde qu'à l'économie, c'est un acte de partage : on économise ainsi le droit proportionnel de transcription sur la somme que B paye à C, puisque l'indivision cesse ; mais ce partage serait peut-être annulable pour n'être pas fait conformément à l'article 826 Code civil, ou rescindable, pour cause de lésion. (Art. 889 Cod. civ.) Si l'on voulait se garantir de ces deux dangers, il faudrait une cession de droits successifs faite à forfait par C à B, ensuite un acte de partage entre A et B. — 5. Éviter les dissimulations. (Voir ce mot.)

## PAYEMENT avec subrogation

Suivant que la quittance subrogative est contenue dans l'acte d'emprunt ou qu'elle constitue un acte distinct (art. 1250, Cod. civ. § 2), les frais sont moins ou plus élevés. Dans le premier cas, les droits de quittance sont épargnés.

## PROCURATION

*1.* La plupart des procurations notariées peuvent être délivrées en *brevet*. Celles désignées dans la loi du 23 juin 1843, art. 2, c'est-à-dire celles qui ont pour objet de donner pouvoir de consentir une donation, révocation de donations et testaments, reconnaissance d'enfant naturel, doivent être gardées en minute. Il en est de même notamment de celles destinées à la vente d'inscriptions de rente sur l'État de 50 francs et au-dessus. — *2.* La procuration sous-seing privé produite pour une déclaration de succession est exempte d'enregistrement. Elle peut être contenue dans l'état du mobilier et sur la même feuille de papier timbré, pourvu que le tout ne fasse qu'un contexte. (V. État, n° 2.) Il n'est pas nécessaire non plus de faire enregistrer les procurations des officiers publics à l'effet de faire une déclaration préalable de vente de meubles. — *3.* Voir Annexe, Enregistrement, n° 2, Révocation de procuration.

## PURGE des hypothèques et privilèges inscrits

Voici dans quels cas cette purge est supprimée ou simplifiée : 1° La transcription de l'adjudication sur saisie immobilière purge les immeubles de toute espèce de privilèges et d'hypothèques, et les créanciers n'ont d'action que sur le prix, sauf à eux à surenchérir comme tout le monde peut le faire dans les huit jours de l'adjudication ; 2° Même règle pour les délaissements d'immeubles et les ventes qui s'ensuivent (art. 2174 Cod. civ.), 3° Même règle pour les ventes sur conversion volontaire quand la conversion a lieu après les sommations prescrites par l'article 692, Cod. pr., et l'avertissement prescrit par l'article 696 ; même règle encore pour les adjudications d'immeubles des faillis lorsqu'elles sont poursuivies par les syndics, en vertu de l'article 592 Cod. com. ; 4° Les adjudications sur surenchère du dixième sont traitées comme les ventes sur saisie, si la purge des hypothèques légales avait eu lieu. « Dans le cas contraire, dit l'article 938, Cod. pr. (L. 21 mai 1858), la purge de ces hypothèques se fait comme au cas d'aliénation volontaire, et les droits des créanciers à hypothèques légales sont régis par le dernier alinéa de l'article 772. »

### PURGE des hypothèques légales

*1.* Voir États hypothécaires. — *2.* En vertu de l'article 717, Cod. pr. La transcription du procès-verbal d'adjudication sur saisie purge de plein droit toutes les hypothèques légales. Le même effet est produit par les aliénations pour cause d'utilité publique ; seulement ici l'hypothèque légale peut encore s'inscrire dans les quinze jours après la transcription. (L. 3 mai 1841, art. 17.) Enfin aucune notification à fin de purge conventionnelle n'est faite à ces créanciers quand ils n'étaient pas inscrits avant la transcription de l'aliénation, et ils n'ont qu'un délai unique pour s'inscrire et surenchérir, soit deux mois à compter de l'insertion dans un journal de la purge légale.

### QUITTANCE

*1.* Voir Acquit, Payement avec subrogation, Timbre. Les quittances notariées d'intérêts, de capitaux, de restitution de fruits, de frais et dépens, fournitures de denrées et marchandises et autres objets semblables peuvent être délivrées en *brevet* — *2.* Sont exemptes de timbre et d'enregistrement les quittances destinées au services des caisses d'épargne (L. 9 avril 1881, art. 20) et de la caisse des retraites. (L. 16 juin 1850.) Sont exemptes de timbre, en outre les quittances de secours payés aux indigents. (L. 13 brum., an VII, art. 16.) — *3.* Dans une quittance de capital et intérêts, il n'est pas nécessaire de mentionner le payement des intérêts, puisque la libération du capital emporte celle des intérêts. (Art. 1908 Cod. civ.) — Cependant il y a des cas où cette mention est utile, par exemple lorsque la personne qui paie a besoin de justifier du payement. — *4.* Lorsque la quittance ne mentionne pas expressément le payement de *tous les intérêts que le capital a produits*, mais énonce néanmoins *que le débiteur se trouve entièrement libéré envers le créancier*, le droit d'enregistrement ne doit porter que sur les sommes énoncées formellement comme payées dans l'acte et non sur tous les intérêts dont le débiteur se trouve libéré. — *5.* Le plus souvent dans un acte portant *double quittance*, c'est-à-dire par lequel un débiteur A se libère au moyen de l'argent qu'il reçoit de son propre débiteur B, il n'est dû qu'un seul droit proportionnel, soit 0 fr. 50 % et décimes, surtout lorsque le créancier de A reçoit directement de B : une seconde libération résulte alors de la première. (L. 22 frim. an VII, art. 10 et 11.) On emploie ce procédé notamment dans les quittances de prix de vente d'immeubles grevés d'hypothèques.

### RADIATIONS hypothécaires

Voir Expédition, Formalités hypothécaires.

### RATIFICATION

On peut l'écrire à la suite de l'acte ratifié. (V. Timbre.)

### RECONNAISSANCE d'enfant naturel

Cet acte ne s'enregistre que sur l'expédition quand il est dressé par un officier de l'état civil. (L. 28 avril 1816.) Les reconnaissances d'enfants naturels faites par des individus notoirement indigents doivent être enregistrées *gratis*, sur un certificat du maire, visé par le sous-préfet. (L. 15 mai 1818, art. 77.)

### RÉMÉRÉ (Exercice du droit de)

On peut écrire cet acte à la suite de la vente et sur le même papier timbré, comme les quittances. (V. Timbre.)

### REMPLOI entre époux

Voir Acceptation, Vente.

### RÉQUISITIONS hypothécaires

Les réquisitions sont dispensées du timbre et de l'enregistrement. On peut même les porter en marge des pièces à transcrire ou déposer.

### RETRAIT de droits litigieux ou successifs

Il faut s'abstenir de faire transcrire ces sortes d'actes pour éviter le droit proportionnel de transcription.

### RÉVOCATION de donation ou de testament

*1.* La révocation peut-être écrite à la suite de l'acte révoqué et sur le même papier timbré, lors même qu'elle porterait de nouvelles dispositions. (V. Timbre.) — *2.* Les révocations de testaments et de donations éventuelles entre époux ne doivent être enregistrées que dans les trois mois du décès du disposant. (L. 22 frim. an VII, art. 21. ; V. Enregistement, n° 4.) — *3.* La révocation contenue dans un testament ne donne lieu à aucun droit particulier.

### RÉVOCATION de procuration

*1.* La révocation peut être écrite à la suite de la procuration et sur la même feuille de papier timbré. (V. Timbre.) — *2.* La révocation contenue dans une nouvelle procuration ne donne lieu à aucun droit spécial d'enregistrement.

## SUBSTITUTION

La disposition de la substitution dans une donation ne donne lieu ni à l'enregistrement ni aux hypothèques à aucun droit particulier pourvu que le droit ait été perçu sur la donation ou disposition principale ; mais un legs d'immeubles à charge de restitution étant de nature à être transcrit au bureau des hypothèques, est sujet lors de son enregistrement au droit de transcription à $1\ ^1/_2\ ^0/_0$ et décimes.

## SUBSTITUTION de pouvoirs

Mêmes formes que pour la procuration. (**V. ce mot.**)

## SURENCHÈRE

La déclaration de surenchère peut être écrite à la suite des actes de la première adjudication, sur la même feuille de papier timbré.

## TESTAMENT

*1.* **Voir Enregistrement, n° 4. — 2.** Un testament notarié peut-il être délivré en *brevet*? La controverse existe sur cette question ; mais la négative doit être préférée justement à cause de cette controverse et aussi en présence de l'article 21 de la loi du 22 frimaire an VII, portant que les *testaments reçus par les notaires* doivent être enregistrés dans les trois mois du décès du testateur. C'est surtout à l'occasion d'un testament que le notaire doit bien se pénétrer des dispositions de l'article 68 de la loi du 25 ventôse, an XI portant que tout acte fait en contravention à l'article 20, qui prescrit généralement la forme, une minute, est nul comme authentique, et que le notaire est responsable de cette nullité, d'autant plus que le testament nul comme notarié ne vaudrait pas comme olographe, puisqu'il ne serait pas écrit par le testateur. (Art. 970 Cod. civ.)

## TIMBRE

Il est défendu d'employer à un acte le papier timbré qui aura servi pour un autre, quand même celui-ci n'aurait pas été achevé. En outre, sous peine d'une amende de 5 francs, décimes en sus, il est défendu d'écrire deux actes en marge ou à la suite l'un de l'autre sur la même feuille de papier timbré. (L. 22 frim. an VII, art. 22, 23 et 26.) Sont exceptés de cette dernière règle les révocations de testaments et de procurations et les codicilles de testaments, qui peuvent s'écrire à la suite ou en marge de ces actes ; plus les ratifications, qui peuvent être portées à la suite ou en marge des actes ratifiés ; plus encore les inventaires, procès-verbaux et autres actes qui ne peuvent être consommés dans la même vacation. (L. de brum. art. 23; décr. 15 juin 1812, art. 1er.) Quelques autres exceptions sont indiquées dans ce petit ouvrage. Toutes ont pour objet des actes qui se complètent mutuellement. Cette loi de brumaire faisait aussi exception pour toutes les quittances. Cette exception est encore maintenue pour les quittances notariées ; mais à l'égard de celles faites sous-seings privés, elle est limitée aujourd'hui en vertu de la loi du 23 août 1871, aux chèques, récépissés de chemins de fer, billets à ordre et effets de commerce, et toutes quittances de 10 francs et au-dessous.

L'exception est abolie pour les quittances sous seings privés à l'égard de tous autres actes. Ainsi un acquit sous seing privé de plus de 10 francs ne pourrait être porté sur la grosse d'obligation qu'avec un timbre mobile de dix centimes. Ajoutons que les exceptions de faveur dont il s'agit s'appliquent aux expéditions comme aux minutes, et toujours sans qu'il y ait lieu d'examiner si le timbre du premier acte est encore valable.

## TRANSCRIPTION

Voir expédition, n° 1. Le législateur vient de consacrer l'usage des extraits pour la transcription par la loi du 27 octobre 1884, article 4, § 3, sur les petites ventes judiciaires.

## TRANSFERT

Voir Procuration.

## TRANSPORT

Voir Cession, Licitation, Partage.

## TUTEUR (Nomination de)

Si elle est contenue dans un testament, elle n'y donne lieu à aucun droit particulier.

## VENTE

*1.* Voir Cahier des charges, Command, Réméré. — *2.* Éviter les dissimulations. (Voir ce mot.) — *3.* On peut signaler aux acheteurs un moyen de payer comptant et d'être libérés, sans avoir à craindre l'action des créanciers hypothécaires. Il consiste à passer l'acte de vente portant quittance complète du prix au comptant, avec renonciation par le vendeur à tout privilège et à l'action résolutoire ; mais on exprime que la somme payée demeurera en dépôt entre les mains du notaire, qui ne la délivrera au vendeur que sur justification des déclarations hypothécaires qu'il aura faites et de l'exécution des obligations qu'il aura contractées pour la garantie de l'acheteur. Cette clause donne lieu à un supplément de droits d'enregistrement de 3 fr. 75. A la délivrance, le notaire écrit la décharge à la suite de l'acte de vente, et cette décharge est passible de 3 fr. 75 d'enregistrement. — *2.* Si le prix doit être délégué à quelque créancier, il convient d'établir cette délégation dans l'acte de vente même, où elle ne donne lieu à aucun droit particulier d'enregistrement ; tandis que si on la portait sur un acte postérieur, elle serait passible du droit d'enregistrement de 1 pour 100, décimes en sus. — *3.* Voici une combinaison bonne à connaître. Pierre possède un immeuble A. Il voudrait l'aliéner et acquérir en remplacement l'immeuble B à vendre appartenant à Paul, et valant comme le premier, 20,000 francs. Quel est le procédé le plus économique à employer ? Si Paul tient à faire un échange, c'est ce procédé qu'il faut employer. Au cas contraire, au lieu de recourir à deux ventes, qui produiraient 2,250 francs de droits d'enregistrement, on agit ainsi : Guillaume voulant acquérir A : 1º Vente de A par Paul à Guillaume, 2º échange entre Pierre et Guillaume. Economie de droits d'enregistrement 500 francs, et même beaucoup plus s'il s'agit d'immeubles ruraux. (Voir Droits sur transcription, nº 1.) — *4.* L'article 9 de la loi du 22 frimaire an VII est ainsi conçu : « Lorsqu'un acte translatif de propriété ou d'usufruit comprend des meubles et des immeubles, le droit d'enregistrement est perçu sur la totalité du prix au taux réglé pour les immeubles, à moins qu'il ne soit stipulé un prix particulier pour les objets mobiliers, et qu'ils ne soient désignés et estimés article par article dans le contrat ; » ajoutons : « ou bien dans un inventaire ou état en bonne forme auquel on se réfère. »

FIN

2647. — Tours, imp. Rouillé-Ladevèze, r. Gambetta, 6, Tours